AF299513

LE NOCTVRNE ENLEVEMENT DV ROY HORS DE PARIS,

FAIT

PAR LE CARDINAL MAZARIN, LA NVICT DES ROYS.

EN VERS BVRLESQVES.

A PARIS,
Chez ARNOVLD COTINET, ruë des Carmes,
au petit IESVS.
M. DC. XLIX. Auec Permißion.

L'ENLEVEMENT DV ROY
hors de Paris.

IE veux chanter, sans prendre haleine,
Non le rauissement d'Heleine,
Non le rapt de ce beau garçon,
Qui sert à Iupin d'Eschanson,
Non l'enleuement d'Orythie.
Par vn souffle de la Scythie;
Non celuy de Nymphe Europa,
Qu'en vain fit chercher son Papa:
Non celuy-là de Proserpine,
Dont Ceres fit si grise mine
A Mademoiselle Venus,
Sale Princesse des culs nuds;
Ie ne pretends pas non plus dire,
Qui iadis rauit Deianire.
Tous ces rapts, & rauissemens,
Sont de vieux diuertissemens:
Et ne voudrois prendre la peine
De les chanter que par douzaine.
Pour faire tréve de suspens.
Celuy que chanter ie pretens,
Et qu'en mon esprit ie rumine,
Est vn rapt à la Mazarine.
Rapt qui fit du bruit à Paris,
Plus que le rapt que fit PARIS,
N'en fit dans la fameuse Tróye,
Qu'Achille pluma comme vne oye.
C'est vn rapt de cette façon,
Que vous veut dire ma chanson.

A ij

La mode en eſt des plus nouuelles,
Et ne commença qu'aux eſtoilles,
La nuict de la Feſte des Rois,
Il y eut Vendredy deux mois.
Muſe qui ſçais toute l'hiſtoire,
Repaſſe vn peu dans ma memoire
Le Martial euenement
De ce groteſque enleuement.
Dis-moy quels motifs Italiques,
Ou pour mieux dire, tyranniques,
Induiſirent le Cardinal
A faire à Paris tant de mal ;
Et pourquoy pourpre Mazarine
Luy interdiſit la farine ?
Le vouloit-il faire ieuſner
Auant que de luy pardonner ?
Aſſeurément que ce Miniſtre,
Autheur d'inuention ſiniſtre,
Pour le punir de ſon rebec,
Le vouloit prendre par le bec.
Ne ments point, ma chere Camuſe,
Crois-tu que ce fuſt là ſa ruſe ?
Dis-moy ſi i'ay bien deuiné
De me l'auoir imaginé ?
A ce mot ie te voy ſouſrire,
Sans doute que tu vas le dire,
Mais au moins ne me trompe pas,
Et garde de faire vn faux pas.
Raconte moy bien, quelle mouſche
Picqua cet animal farouche,
Et fit que Paris cette fois
Celebra de ſi triſtes Rois.
Obſerue ſur tout vn bon ordre,
En me racontant ce deſordre ;

ſ. Mars.

Et

Et reprens ta gaillarde humeur,
Pour bien chanter cette rumeur.
    Depuis le iour des Barricades,
Où l'on fit maintes algarades
A vaillans & braues Guerriers,
Qui combatoient pour Financiers.
Financiers, qu'on nomme sangsuës,
Pour parler en termes de ruës,
Pestes d'Estat, chiens de voleurs,
Maltoutiers, & monopoleurs.
Du depuis, dis-ie, que nos Bardes
Repousserent soldats des Gardes,
Qui de tous costez assaillis
Gagnerent bien tost le taillis.
Et par la force de leurs armes
Donnerent d'estranges alarmes
A nostre pauure Chancelier,
Fort éloigné de son pallier ;
Ce qui fit, nonobstant sa suite
Que Petrvs gagna la guerite,
Pour se mettre à l'abry du vent,
Qui souffloit derriere & deuant,
Formant en l'air vne tempeste,
Dont le choc eust brisé sa teste,
S'il n'eust bien tost gagné le bord,
Pour se refugier au port ;
Au port, s'entend au domicile,
Où logeoit Prelat de Sicile,
Qui plus pasle qu'vn trespassé
De tout ce qui s'estoit passé,
Receut ce compagnon d'office,
Eschapé d'vn grand sacrifice,
Qu'il pensa faire (ce dit-on)
Au Dieu, qu'on appelle Pluton,

Quoy qu'en vne telle eſpouuante
Il euſt fait, (bien qu'il ne s'en vante,)
De ſes pechez confeſſion,
Et receu l'abſolution.

  Enfin depuis que nos Megeres,
C'eſt à dire, nos Harangeres,
Firent ſi bien que ſans appel
On rendit Monſieur de Brouſſel,
Qu'on auoit de chez luy par force
Enleué dedans vn caroſſe,
Et tranſporté dans certain lieu,
Pour ſe confeſſer au bon Dieu
De toutes ſes fautes paſſées,
Tant en paroles qu'en penſées;
Car, pour en franchement parler,
Breuuage il deuoit aualer;
Mais breuuage qui de maniere
Conduit tout droit au Cimetiere,
Et par la vertu de ſes eaux
Garantit l'homme de tous maux.

  Le rouge Prelat de Sicile
Songea deſlors à faire gille;
Voyant qu'à Paris quelque iour
On luy ioüeroit vn mauuais tour :
En effet ce faiſeur de ſauces
En peu de temps tira ſes chauſſes,
Et ſans trompette ny tambour
Fit ſortir de Paris la Cour.
Mais ſe voyant à la campagne
Sans les troupes de l'Alemagne,
Qu'il pretendoit faire venir,
Pour ſe venger, & nous punir :
Son eſprit fertile en malice,
Inuente alors vn artifice,

Et par vn petit compliment
Enjolle noftre Parlement.
Il accorde à toute la bande
Ce que la Iuftice demande,
Et, couurant de cendres fon feu,
Fait bonne mine à mauuais ieu:
Leur dit d'vne façon ciuile,
Que le Roy veut rentrer en ville,
Et que fans faute Samedy
Il y fera fur le midy.
Pour ce coup il tint fa promeffe,
Et ramena Maiftre & Maiftreffe,
Afin que par vn fecond dol
Il en fift derechef le vol.
  Depuis ce iour vn mois fe paffe,
On ne parle plus de difgrace,
Et l'on ne void dedans Paris
Par tout que matiere de ris.
Le fameux Hoftel de Bourgogne,
Reprend de nouueau fa befogne,
Et le Theatre du Marais
Se veut encore mettre en frais,
Pour nous faire voir les merueilles
De fes machines nompareilles,
Et nous donner au Carnaual
Vn plaifir qui foit fans égal.
Tout parle de réiouyffance,
De Bals, de Balets, & de dance,
Et l'on efpere deformais
Les fruits d'vne profonde paix.
Mais ce n'eftoit pas l'efperance
De la Mazarine Eminence,
Qui nous fit voir en peu de temps
De bien contraires paffetemps.

Pendant qu'on songe aux Comedies,
Il prepare des Tragedies,
Mais Tragedies tout de bon ,
Qu'on ne vid iamais à Bourbon.
Il fait par sous main de Pologne,
De Flandres, & de Catalogne,
Tirer toutes les garnisons,
Pour venir piller nos maisons.
Il fausse sa foy , sa parole,
Il restablit le monopole,
Fait tous les iours emprunts nouueaux,
Enuoye Mulets & Cheuaux
Chaque soir par diuerse porte,
Et se rit de nous de la sorte.
Toutesfois sage Parlement
Vid bien qu'on faussoit son serment,
Qu'on ne tenoit pas sa parole,
Et qu'on leuoit mainte pistole :
Mais comme il est de douce humeur,
Il n'en fit pas grande rumeur.
Il fait seulement quelque plainte,
Dit que le peuple a de la crainte,
Et murmure qu'aux enuirons
On retire des garnisons :
Que l'on desgarnit les frontieres,
Et des villes toutes entieres,
Pour venir fondre sur son dos,
Et sangler les pauures Badauts.
Que desia l'on void dans Pontoise
Maint Bourgeois fort mal à son aise,
Des rauages , & des degats
Que font chaque iour les soldats,
Qui ne receuans point de monstre,
Pillent tout ce qui se rencontre,

Et

Et viuent à difcretion,
Ou pluftoft à profufion.
Que cela donne de l'ombrage
Aux efprits, qui craignent l'orage,
Et qui dans l'apprehenfion
Pourroient faire fedition.
Nonobftant telles remonftances
Des Parlementaires puiffances,
Noftre Prelat, matois & fin,
Ne ceffe de tendre à fa fin,
Et fait tant par fes tours obliques,
Et par fes rufes diaboliques,
Qu'il amufe tout le troupeau,
Dont il vouloit auoir la peau,
Luy promettant monts & merueilles
Pour le prendre par les oreilles,
Et le mener fi rondement
Qu'il ne foufflaft pas feulement.
Il refolut donc en luy-mefme
De luy faire faire Carefme,
Mais Carefme qui dure plus,
Que ces gros Carefmes joufflus,
Qui finiffent le iour de Pafques,
Eftans faouls de viandes de Caques.
Carefme, qui fort proprement
Se nomme jeufne feulement,
Tel que celuy de la Rochelle,
Qui mangea toute fa chandelle,
A fricaffer friands mourceaux
De caroffes & de cheuaux,
Et, qui n'ayant plus de quoy frire
N'eut plus auffi fujet de rire,
Ains auffi-toft quitta le dé,
Et vint doucement à Iubé.

Il en penſoit faire de meſme ,
Par le moyen d'vn tel Careſme :
Mais le pauure ſot eſt trompé ,
Et ſon Careſme eſt attrapé :
Mardy gras a donné taloche
Deſſus ſa mourante caboche ,
Et d'vn coup d'abſolution
Luy a ſanglé le croupion.
Muſe, laiſſons-les là ſe battre
Et faire les diables à quatre ;
Retournons à noſtre Prelat,
Qui va faire ſon attentat.
Deſia la ſombre nuict approche ,
Il s'en va mettre chat en poche,
Et faire vn tour de ſon meſtier
Plus ſubtilement que Cormier.
Qu'il va bien tailler des croupieres
A des gens qui n'y ſongent gueres !
Ie veux qu'on me dague le ſein,
Si quatre ſçauent ſon deſſein.
Fais moy donc jallir de ta veine
Non pas quelque demie douzaine,
Mais quelque centaine de vers,
Pour bien décrire le reuers ,
Dont Mademoiſelle Fortune
Renuerſa Miniſtre nocturne,
Qui dans la faueur de la nuit
S'eſchappa de Paris ſans bruit.
   Phœbus le grand falot du monde
Eſtoit encourtiné de l'onde ,
Et le vieux penard de Tithon,
Baiſoit encore le teton
De la Cephalienne gouge,
Dont la couleur eſt touſiours rouge,

Lors que Prelat Sicilien,
Sans au Senat en dire rien,
Apres que toute la canaille
Eut fait à qui mieux mieux ripaille,
Parce qu'il estoit cette fois
Veille d'vne Feste des Roys,
Nous enleua, comme vne Parque,
Louys nostre petit Monarque,
Que tout Paris tant regretta
Deslors que Prelat l'emporta,
Qu'à present il regrette encore,
Tant il l'ayme, & tant il l'honore,
Et que tousiours regrettera,
Tant qu'esloigné de luy sera.
Il rauit donc ce pauure Prince,
Du centre de nostre Prouince.
A vray dire, en cette action
Il eut grande discretion;
Car la chose fut si secrette,
Qu'on n'ouyt tambour, ny trompette,
De la grande peur qu'il auoit
D'esueiller le chat qui dormoit.
C'estoit auoir, en conscience,
Vne profonde reuerence,
De ne vouloir mal à propos
Troubler des voisins le repos.
Il ne fut pas sorty la ville,
Qu'incontinent rumeur ciuile,
Quoy qu'à peine sceust-on le tour,
S'espand au quartier d'alentour;
quelque Bourgeois dans ces alarmes
Commence de crier aux armes;
Mes amis, nous sommes perdus,
Le Cardinal nous a vendus.

Qu'on ferme promptement la porte,
Et qu'on y plante vne cohorte,
Il faut refuſer tout à plat,
De laiſſer ſortir chien ny chat.
Si l'on eſpere, apres gogaille,
Nous prendre comme rats en paille,
Faut auſſi que Seigneurs ſoiént pris,
Qui ſont encore dans Paris.
Il n'eſt point de meilleur remede
Dans le mal-heur qui nous poſſede:
Le reconfort des mal-heureux
Eſt d'en voir quantité comme eux.
Sus donc, que dans vn tel orage,
Vn chacun s'arme de courage,
Et prenne Harquebuze & Mouſquet,
Sans dauantage de caquet.
    Auſſi-toſt l'on prend la rapiere,
Le Mouſquet & la Bandouliere,
Et ſont tous ces nouueaux Soudarts
Plus ſuperbes que des Ceſars.
Preux & vaillans de telle ſorte,
Ils ſe ſaiſiſſent de la porte,
Ferment ſerrures & verrous,
Barricadent bien tous les trous,
Et mettant ſerpentin ſous meſche,
Se preparent à faire breſche,
Au premier, qui, malgré leurs dents,
Voudront s'eſchapper du dedans.
A voir la rage & la furie
De la nouuelle Iacquerie,
On euſt dit que du Courtelas
Elle alloit mettre tout à bas.
De fait, elle tint ſon courage,
Car auſſi-toſt vint du bagage,

Pour

Pour s'en aller à S. Germain,
Auquel on coupa le chemin.
Les plus hardis de la canaille,
Se jettent d'eſtoc & de taille
Sur le dos du pauure Cocher,
Et le font du Char trébucher,
Plus hardiment que le tonnerre
Dont Iupin renuerſa par terre,
Vn mauuais Cocher (ce dit-on)
Que l'on appelloit Phaëton.
Les autres grimpent par les rouës
Sans craindre ny crottes, ny bouës,
Et pillent meubles arrangez,
Comme des Tygres enragez,
L'vn ſe boſſuë la caboche,
L'autre mainte piſtole empoche :
Celuy-cy peſte, en enrageant
De ne pouuoir auoir d'argent,
Et ſe rejette de plus belle
De cul, de teſte, & d'eſcarcelle,
Vous caſſe, par maint chinfreneau,
De ſon compagnon le muſeau ;
On preſſe, on ſe pouſſe, on ſe hoche,
Au plus fort eſt touſiours la poche,
Tel a de l'argent à foiſon,
Qui s'en va vuide à la maiſon.
Bref, telles mains, & telles pattes,
Mains, qui ſont fort peu delicates,
Firent du bagage de Cour
Inuentaire, qui fut fort court.

  Quelque temps apres ce pillage,
Vint, en aſſez bel attelage,
Vn Caroſſe à quatre cheuaux,
Qui fut deſchiré par morceaux :

D

Il eſtoit à certaine Dame,
A qui l'on chanta bien ſa game,
Quoy que Dame ne fuſt de Cour,
Ains de certain lieu d'alentour.
Ie plains fort ſon ſort miſerable,
Car la Dame eſtoit honorable,
Et malgré ſa modeſte humeur,
Elle monſtra là ſon honneur.
On la déchire, on la dépoüille,
Les Fruictieres luy chantent poüille,
L'appellent Dame au cul crotté,
Tout ſon magot eſt emporté,
Beſtes & gens ſont mis en proye,
Tant groſſes pieces, que monnoye,
Tout eſt ſans mercy, ny pardon,
Du Peuple mis à l'abandon :
Il n'eſt pas juſques à la frange,
Qui traiſne au milieu de la fange,
Et chacun grippe ſon morceau
Quoy que foulé dans le ruiſſeau.
Iamais Loups de la Barbarie
Ne ſe jetterent de furie
Sur le dos de pauure brebis
Comme ces mangeurs de pain bis.
Ny ſouſpirs, ny ſanglots, ny larmes,
N'eſmeurent ces nouueaux Gensd'armes,
Et ſi ſubite affliction
Ne leur fit point compaſſion.
Ils couurirent ces belles iouës
De frequentes plaques de boües :
Et ſur ce beau corps patroüillé
Ioüerent au Roy deſpoüillé.
Voyant continuer l'audace
De la cruelle populace,

Quelque Bourgeois à cœur humain
Commence à prendre picque en main,
Sort des plus fameuses boutiques,
Fend le gros, à grands coups de picques,
Retire en mesme temps des coups
Dame, qui n'auoit plus de poulx,
Et qui d'vne douleur si forte
Estoit, pour le moins, demy-morte,
Bref, la fait porter promptement
Dans vn bon lict, bien chaudement.
Depuis ce choc ie ne sçay mie,
Si la Dame est encore en vie:
Mais qu'elle soit en vie, ou non,
Ie vay poursuiure tout de bon.
   Le bruit de telles pilleries,
Qui n'estoient pas des railleries,
S'espandit de tous les costez
Dans les lieux les plus escartez.
Plus cette ciuile tourmente
Se jette loing, plus elle augmente,
Et d'vn tel bruit, chaque animal
Veut discourir qui bien, qui mal.
L'vn dit d'vne façon l'affaire,
L'autre la dit tout au contraire,
Ainsi deux differents parleurs
Sont deux differents ambaleurs.
Mais laissons parler la canaille,
Qui ne dit iamais rien qui vaille:
Et voyons si dans le marché
Le pain s'y donne à bon marché.
Boulangers de pain de Gonesse
Y sont au bout de leur finesse,
Voyans qu'vn million de mains
Grippent de tous costez leurs pains.

Ils ont beau crier patience,
Chacun se mocque d'audiance,
Et sans entendre de raison
Veut munir de pain sa maison.
Tel, qui n'auoit appris de prendre
Que pour trois iours de ce pain tendre,
Eut si grand peur, que cette fois
Il en prit pour deux ou trois mois:
Chaque Bourgeois vuide sa bourse,
Fait chez luy mainte, & mainte course,
Et reuient plusieurs fois querir
De quoy l'empescher de mourir.
Madame la grosse Bourgeoise,
Qui reposoit fort à son aise,
Et ne se hastoit pas si fort,
Pour laisser passer le plus fort,
Alors se trouua bien camuse,
De voir que (nenny ie m'abuse
Elle eut vn demy pied de nez,)
Pains estoient desia destournez.
Boulangers, qui de leur demeure
Ne sortirent de si bonne heure,
Que leurs Confreres & Cousins,
Compagnons, amis, & voisins,
Et qui furent plus tard en Ville,
Où se formoit guerre Ciuile,
N'eurent pas le temps de venir
De leurs pains nos Halles fournir;
Chacun dés la premiere ruë
Sur charette de pain se ruë,
Et voudroit auoir trente mains
Pour enleuer autant de pains.
Iamais en pareille tempeste
Pains ne furent à telle feste,

Et

Et ne croy pas que deſormais
Pains y ſoient encore iamais.
Car à pains on rendoit hommage
De grand cœur, & de grand courage,
Et tel ſembloit les deuorer,
A force de les honorer.
   Enfin quand toutes les charettes
S'en retournerent toutes nettes,
On eut recours au pain bourgeois,
N'en trouuant plus de villageois.
On va de boutique en boutique,
Perſonne d'honneur ne ſe pique,
Et l'on y voit le Partiſan,
Tout de meſme que l'Artiſan.
Là le Loup, auecque la Louue,
Arrache tout ce qui s'y trouue,
Et deuore iuſqu'au pain bis,
La Manne des pauures brebis:
Fait de paroles grande chere
A Madame la Boulangere,
Et luy iette ſans marchander
Tout ce qu'il luy plaiſt demander.
Ces liberalitez ſi grandes
Font que mes Dames les Marchandes,
Dont chacun brigue l'amitié,
Encheriſſent pains de moitié:
Et rembarrent ceux, dont la langue
Leur veut faire quelque harangue,
En ſe plaignant de la cherté
De leur trop grande liberté.
Cherchez ailleurs? (ce diſent-elles)
Ie n'aymons pas tant de querelles,
Cà, çà, redonnez-nous ce pain,
Auſſi bien n'auez-vous pas faim:

S'il ne vous duit, c'est pour vn autre:
Vraman vous este vn bon Apostre,
Et vous auez bonne raison
De pester en nostre maison !
Allez ailleurs faire vacarme ?
Vous mettriez chez nous l'alarme.
Ainsi ces mutins chaperons,
Troussez comme des potirons,
Vous rendant muet vn pauure homme,
Font si bien qu'il paye la somme,
Qui les faisoit mettre en courroux,
Et l'obligent à filer doux.
    Si vendeuses de pain sont cheres,
Aussi le sont Dames Boucheres,
Et rançonnent les pauures gens,
A peu prés comme des Sergens,
Qui font crier misericorde
A ceux qui meritent la corde.
Chacun dit, c'est vne pitié !
Tout est enchery de moitié !
Et faisant triste, & noire mine
Commence de crier famine :
Ceux qui d'entr'eux sont plus peruers
Iurent à tors, & à trauers,
Et ne sçachans à qui s'en prendre
Disent tout haut qu'il faudroit pendre,
(Mais, grotesque Muse, tout beau,
Tout cela n'est ny bon ny beau ;
Ne discourons pas dauantage.
De l'insolence de leur rage,
Il n'est pas temps de parler gras,
Nous auons passé Mardy gras.)
    Allons faire vn tour dans les Halles,
Quoy que d'ordinaire fort sales,

Tant de crottes, que de bons mots
Tirez du langage des Goths,
Dont Megeres pleines de bouës
Se donnent souuent par les iouës,
Et voyons de quelle façon
On se iette dessus le son.
(S'entend son meslé de farine,
Qui garde l'homme de famine;
Car son ne pourroit autrement
Luy donner grand soulagement.)
Desia l'on y court à la foule,
Desia l'vn sur l'autre se roule,
Et serre iusques à tel point
Le modele de son pourpoint,
Qu'il se fait peter la bedaine,
Et pasme d'vne courte haleine.
Là Meusniers voyent qu'à leur tour,
Chacun leur vient faire la cour :
Mais cette gent peu debonnaire
D'abord enuoye faire faire
Ceux, qui par leurs trop longs discours,
Ou qui, par leurs tours & retours,
Esperent gagner quelque chose
A force de plaider leur cause :
Ce bestail reuesche & testu
N'en relasche pas vn festu :
Et ne croy pas qu'en tel desordre
Le Diable luy fist rien demordre
De ce qu'il a dit vne fois,
Il en faut passer par ses loix;
Car tant plus il vend la farine,
Tant plus on songe à la famine.
Tout chacun voyant dans ce deüil,
Que le prix en croist à veuë d'œil.

Cette cherté les intimide,
Rend l'vn vif, & l'autre ſtupide,
Selon les inclinations
De leurs imaginations.
Les vns ſur l'aduenir ſe fient,
Les autres de tout ſe deffient,
Et diſent que c'eſt le plus ſeur
De ſe garnir pour le futur:
Que la guerre Pariſienne
Eſt pour eſtre de longue haleine,
Qu'on ne va pas à S. Germain
Pour reuenir le lendemain,
Lors que la nuict à l'eſchauguette
On ſort ſans tambour ny trompette.
Quelqu'vn, qui croit mieux raiſonner,
Dit qu'il ne faut pas s'eſtonner,
Que toute cette eſchauffourrée
Ne peut pas eſtre de durée,
Et qu'on verra dans peu de temps
A Paris de grands changemens.
La rumeur (dit-il) eſt trop forte,
Pour durer long-temps de la ſorte,
Et de mal-heurs vn tel excez
Ne peut auoir vn long ſuccez;
Il s'en va ſortir de la Ville
Des hommes plus de trente mille,
Si le premier iour de marché,
Le pain eſt encore arraché.
Ainſi gens de toutes volées
Veulent dire leurs ratelées,
Là Sauetier, ou Crocheteur
Veut faire le grand Senateur;
Vn autre de pareille eſtoffe
Vous trenchera du Philoſophe,

Et

Et iuge des presens malheurs
Comme vn aueugle des couleurs.
Enfin tant Bourgeois que Canaille
Parle de guerre, ou de mangeaille,
Et vous en dit son sentiment
Selon son petit iugement,
  Mais c'est trop demeurer aux Halles,
Laissons-y Chaperons, & Calles,
Chapeaux de feutre, & Tapabords,
Se passer cent fois sur le corps
Par leurs frequentes cullebutes,
Et vuider toutes leurs disputes.
Allons faire vn tour au Palais,
Où se vendent Glands & Collets,
Baudriers, Rubans, Esguillettes,
Et quantité d'autres sornettes;
Non pour acheter des bijous,
Car ce n'est plus le temps des fous,
Outre qu'il est aujourd'huy feste,
Et que i'auons martel en teste.
Mais plustost pour sçauoir comment
Sage Seigneur le Parlement
Se prepare à mettre bon ordre
A cét effroyable desordre,
Et par certaine inuention
Appaiser la sedition.
  Toutes les Chambres assemblées,
Non pas sans estre vn peu troublées
De tels accidens inouys,
Les Escheuins estans ouys,
Rendent vn Arrest, lequel porte
Qu'on fera garde à chaque porte,
Aussi bien la nuict que le iour,
Que tous villages d'alentour

F

Seront tenus (peur de famine)
D'apporter à Paris farine,
Et d'empefcher que garnifons
Se retirent en leurs maifons.
Que Pretorienne Iuftice
Tiendra la main à la police,
Et taxera par mandement
Les chofes raifonnablement;
Que pour ce faire, Commiffaires,
Qui font comme fes lanniffaires,
Seront chaque iour attachez,
Dedans les Places & Marchez.
Qu'Officiers de chacune porte
Y tiendront iour & nuiæ main forte,
A ce que Cheuaux, ny Mulets,
Conduits par Maiftres, ou Valets.
Chariots chargez de bagages,
Caroffes efcortez de Pages,
Enfin, que ny rats ny fouris
Ne puiffent fortir de Paris.
   Voila ce que Iurifconfultes
Pour pacifier les tumultes,
Bruits, & defordres fans pareils,
Ordonnerent par leurs confeils.
L'Arreft fe chante par la Ville,
Et rend le peuple vn peu docile,
Voyant qu'en cette extrémité
L'on trauaille à fa feureté.
Auffi-toft chaque Capitaine
Voit ce qui eft de fon domaine:
Cherche Porte-enfeigne & Sergent,
Qui ne luy couftent point d'argent;
Fait battre promptement la Caiffe,
Chaque Bourgeois demande, qu'eft-ce?

Et par le Tambour informé,
Sort de son logis tout armé,
Pour aller faire pied de gruë
Dedans la martiale ruë,
Où Capitaine du quartier,
(Qui souuent sçait peu son mestier,
Et n'entend en cas de milice
Ny subtilité ny malice)
A domicile retenu,
Dont il paye le reuenu
Pour honorer ce nouueau maistre,
Chacun fait peter le salpestre,
Lieutenant, Sergent, Caporal,
Luy fait salve de General.
Ce Fierabras prend son espée
Dans le sang humain non trempée,
Son escharpe & son poictrinal,
Pestant contre le Cardinal :
Et, sa demie pique estant preste,
De ses gens se met à la teste,
Tenant en cette qualité
Mieux qu'vn Cesar, sa grauité.
Les Soldats au son de la Caisse
Deux à deux, comme chiens en laisse,
Suiuent leur Chef, flancs contre flancs,
Et vous tiennent des mieux leurs rangs.
L'vn d'eux en Espagnol se quarre
Pousse l'vn, dit à l'autre, gare ?
Celuy-là trousse son Chapeau,
Celuy-cy leue le museau
Pour exposer son nez en veuë
De ceux qui passent par la ruë :
Bref, ces belliqueux Habitans
Sont plus fiers que des Capitans.

Chaque martiale cohorte
S'achemine vers chaque porte,
Deſtache pluſieurs de ſon Corps,
Les poſte dedans & dehors,
En qualité de Sentinelles
Auec injonctions mortelles
De veiller, & ne branſler pas,
A peine de paſſer le pas.
On fait, pour poſer mainte pique,
Corps de garde d'vne boutique,
Où nouueaux guerriers en repos
Sement de differents propos
Touchant cette nouuelle guerre :
Non ſans choquer par fois le verre,
Attendant la ſucceſſion
De Camarade en faction.
  C'eſt aſſez roder par la Ville,
Voyons ce que rumeur ciuile
Fait faire dedans les Faux-bourgs,
Pour ſe garder des mauuais tours.
L'on s'y retranche de futailles,
Dont on fait de fortes murailles,
Par la quantité de pauez
Qu'on y met, comme vous ſçauez,
Il n'eſt ruelle malotruë
Où ſa chaiſne ne ſoit tenduë :
Et l'on fait planter des poteaux
Dans celles qui font deux ruiſſeaux.
Iamais Artiſan dans ſa vie
N'alla d'ardeur, & de furie,
A ſa beſongne plus content,
Bref, ne beſongna iamais tant,
Qu'il fit à ce bon iour de feſte,
Iour, qui toute beſongne arreſte,

Au

Au moins l'arreſtoit autrefois,
Quand il eſtoit feſte des Roys:
Mais maintenant les temps aduiennent,
Que quand telles feſtes ſuruiennent,
On fait œuure plus que iamais,
Peur de n'en faire deſormais.
Ciſeaux, maillets, & beſaguës,
Cies, dont les dents ſont aiguës,
Et cent mille autres inſtrumens
Idoines à retranchemens,
Rendirent vn tres-bon office
A cette nouuelle milice,
Qui n'eſpargnoit pas ſa vigueur,
Ains trauailloit de tout ſon cœur.
Femmes, auſſi bien que leurs maſles,
Noires, blanches, rouges & paſles,
Donnoient de leurs inuentions
A ces fortifications,
Les moins ſpiritualizées
Auoient ailleurs d'autres viſées,
Et faiſoient treſor de pauez,
Qui n'eſtoient pas trop bien lauez,
Dont chambres furent ameublées,
Et preſque entierement comblées,
Crainte dans telle émotion
De manquer de munition.
Pour ſe garantir des Grenades,
Dont les pepins font incarrades,
Qu'aduerſaires pourroient la nuict
Ietter dans les maiſons ſans bruit.
Les plus aduiſez de ces braues,
Font bouſcher ſouſpiraux de caues,
Trous, par où l'on iette fumiers:
Canaux, que l'on appelle éuiers,

G

Et tout le reste des passages,
Par où pourroient faire rauages
Bombes & tels nocturnes feux,
Que l'on nomme artificieux :
  Cependant que ce populaire
S'exerce dans l'art militaire,
Et par ses belliqueux trauaux
Se munit contre les assauts ;
Lettre de Cachet apportée
Aux Escheuins est presentée :
On lit, on voit le contenu
De ce mot d'escrit suruenu.
Par iceluy Messieurs nos Princes,
Et la Reyne de nos Prouinces
Disoient, que quelques factieux
Du Parlement seditieux,
Vouloient, par leur intelligence,
A l'Espagnol liurer la France,
Et faisoient sur leur Potentat
Vn pernicieux attentat :
que la chose estoit asseurée,
Et n'estoit que trop aucrée.
Or qu'eux en estant aduertis
Estoient de la Ville sortis ;
Voyans que Sceptre ny Couronne,
Ny mesme du Roy la personne,
Auec toute sa Majesté
N'y estoit pas en seureté ;
qu'au reste ils ne pretendoient faire
A la Ville mauuaise affaire ;
Mais auoient dessein seulement
De chastier le Parlement.
  Cette noble race des Gaules
Leua plusieurs fois des espaules,

Reconnoiſſant l'intention
De cette belle inuention.
Et vid bien que lettre enuoyée
N'auoit eſté que copiée
Sur vn mauuais Original
Tiré de chez le Cardinal.
En effet il eſtoit facile
De voir que Prelat de Sicile
Vouloit diſioindre abſolument
Le Bourgeois & le Parlement,
Eſperant dans vn tel rauage
Faire des mieux ſon perſonnage,
Et iouyr à diſcretion
Du fruict de leur diſſenſion.
Mais Eſcheuins par leur prudence
Changerent bien ſon eſperance,
Et cette Lettre de Cachet
Ne les prit pas au tre buchet.
Dés qu'ils eurent fait la lecture
De ce petit mot d'impoſture,
Ils le porterent au Senat,
qui trouua ce diſcours fort plat,
Comme venant d'vn Politique,
Qui n'entendoit pas la pratique,
Et ſçauoit mieux l'art de gagner,
que non pas celuy de regner.
 Mais comme il faiſoit déſia ſombre,
Et que chandelles en grand nombre
Eſtincelloient au Firmament;
Illuſtriſſime Parlement
Remit au lendemain l'affaire,
Pour ſçavoir ce qu'on deuoit faire.
Ainſi chacun ſe ſepara,
Et ſous ſon toict ſe retira.

Cependant à chacune porte
On fait garde de bonne forte,
qui veut, entre; mais rien ne fort,
quand mefme il auroit paffe-port.
L'on entend fonner à toute heure
Vn morbleu qui va la? demeure?
Et tous ces illuftres guerriers
Sont fort vaillans fur leurs fumiers.
Les vns fe chauffent à leur aife,
Du bois de la groffe Bourgeoife,
Dont ils font fans ceffe des feux
Capables de roftir des bœufs:
Cependant qu'à la belle eftoille
Leurs Compagnons font fentinelle,
qui dans leur apprehenfion
Difent, auec émotion,
Cent fois, Caporal hors de garde?
quelqu'vn nous vient faire nazarde:
Mais Caporal trouue fouuent,
que ce quelqu'vn n'eft que du vent.
Les autres boiuent à merueilles
Le fang des pots & des bouteilles,
Et les fuccent iufques aux os,
Sans leur donner aucun repos.
Ainfi la fombre nuict fe paffe,
En vuidant maintes fois la taffe,
Et l'Aurore d'vn œil riant
Ouurit les portes d'Orient,
Pour laiffer paffer le trompette
De la lumineufe broüette:
Mais nos difeurs de qui va la,
N'ouurirent les leurs pour cela:
Sinon par certains interualles
Pour les prouifions des Halles,

Qui

qui feruent à faire repas,
A qui l'on ne refufa pas.
  Voyant que le porte-lumiere
Auançoit defia fa carriere,
L'Illuftre Cour de Parlement
Se raffembla conjoinctement,
Pour faire deliberatiue
Sur le fujet de la Miffiue :
Mais durant la longue action
De leur deliberation,
Autres Lettres font apportées,
qui ne furent defcachetées.
Les Gens du Roy font feulement
Rapport à tout le Parlement,
que par elles leurs Affemblées
A Montargis font exilées.
De ce, Noffeigneurs eftonnez
Se regardent long-temps au nez ;
Et dans vne fi rude affaire
Refuans à ce qu'ils deuoient faire,
Ne fçauoient fur quel pied danfer,
Ou pour mieux dire que penfer.
Mais apres maintes refueries,
qui n'eftoient pas des fingeries :
On conclud, en ce defarroy,
que les mefmes Sieurs Gens du Roy,
Se tranfporteroient vers la Reyne,
qu'ils prieroient de prendre la peine
De leur donner le nom de ceux.
qu'elle eftimoit des factieux,
Et dont la criminelle intrigue.
Te doit à fa re quelque ligue,
Pour leur eftre leur procez fait,
Afin que l'on fuft fatisfait,

H

Et que la Majesté lezée,
Par ce moyen fust appaisée.

Gens du Roy par ce mandement
Se transportent en vn moment
Iusques à S. Germain en Laye,
Où n'attraperent qu'vne baye,
Et reuinrent en peu de temps
De leur accueil fort mal contents:
Car Sicilienne Eminence
Fit, qu'ils n'eurent point d'Audience,
Et qu'on n'entendit leurs raisons
Non plus que celles des oysons.
Doncques rebutez de la sorte
Et reuenus sans nulle escorte,
A la mercy des garnemens,
Polonois, Basques, Alemands,
Qui, comme des cheuaux d'Espagne,
Couroient desia par la campagne,
Et voloient sur les grands chemins
Tout ce qui tomboit dans leurs mains.
Ils se retirerent en la Ville,
Chacun dedans son domicile,
Ne pouuans aller pour ce iour
Rendre leur response à la Cour.

Ainsi se passa la iournée,
Et la suiuante matinée
Ils conterent leur traittement
A tres-Auguste Parlement,
qui sans barguigner dauantage
Voyant bien d'où venoit l'orage
En voulut arrester le cours,
Et par certain petit discours,
qu'Arrest vulgairement on nomme,
Rendit criminel le pauure homme,

Appellé Iules Mazarin,
qui d'vn ieu de Hoc fut parain,
En declarant son Eminence
Ennemie de toute la France,
Perturbatrice du repos,
que l'on y goustoit sans imposts.
Et pour telles raisons & causes,
Sans faire rapport d'autres choses,
Luy enioignit que dans le iour
Il eust à vuider de la Cour,
Et courir, apres la huictaine,
Hors de l'Estat la pretantaine :
Adjoustant, à faute de quoy,
Enjoint à tous Sujets du Roy
De courre sus sa fripperie,
Et le mettre à la boucherie.
Et defense à qui que ce soit
De le retirer sous son toict.
Voila le coup dont la Iustice
Renuersa le Throsne du vice,
qui dessous ses pieds abbatu,
Tenoit celuy de la Vertu.
Mais lors qu'il se trouua par terre,
Il se prit à faire la guerre,
Et tout ce qu'au commencement
Il faisoit clandestinement,
Voyant qu'on respiroit sa perte,
Il le fit par la force ouuerte,
Et par là fit voir le dessein,
qu'il fomentoit dedans son sein.
Mais comme i'ay peu de memoire,
Pour raconter toute l'Histoire
Des combats de nostre Senat
Auec ce vicieux Prelat :

et que mon but n'eſt que de dire
quelque plaiſant conte pour rire,
Lors que le ris eſt ſuperflus
le me tais, & ne parle plus.

F I N.

Clau̅d. .... *Iam non ad culmina rerum*
lib. 1. *Iniuſtos creuiſſe queror. Tolluntur in altum*
in Ruf. *Vt lapſu grauiore ruant.*

P. L.

www.ingramcontent.com/pod-product-compliance
Ingram Content Group UK Ltd.
Pitfield, Milton Keynes, MK11 3LW, UK
UKHW020128080726
13614UKWH00005B/2103